Dieses Conni-Buch gehört :

Connis Liederbuch

Ich mach so gern Musik

Lieder von Rainer Bielfeldt
mit Texten von Edith Jeske und Otto Senn
und Bildern von Eva Wenzel-Bürger

CARLSEN

Damit alle Conni-Lieder in diesem Buch gut nachgespielt werden können,
hat der Komponist Rainer Bielfeldt einige Lieder in eine andere Tonart transponiert.
Beim Nachspielen klingen sie nun etwas höher oder tiefer als auf der CD.
Die betreffenden Lieder haben wir mit dem Zusatz „transponiert" gekennzeichnet.

1 2 3 06 05 04

ISBN 3-551-55340-8
www.carlsen.de
www.conni.de

Inhalt

Conni

Wer Conni noch nicht kennt, hat jetzt die Gelegenheit dazu: Sie reitet gern und spielt Fußball, sie mag Tanzen und Fahrrad fahren. Und natürlich macht sie gern Musik.

3
C Am Dm G C Dm G
Ich sing von ei- nem Mäd- chen, das be- liebt ist und be- kannt im
C Am Dm G C Dm G
Os- ten, Wes- ten, Sü- den, Nor- den, ü- ber- all im gan- zen Land. Sie
F Em Am Dm G C
rei- tet gern auf Fle- cki, und sie düst auch gern um- her auf
F Em Am D G
ih- rem ro- ten Fahr- rad, durch die Ge- gend, kreuz und quer. Sie
C Am Dm G C Dm G
lebt mit Ma- ma und Pa- pa am Ran- de ei- ner Stadt in
mor- gens in die Schu- le, und da- rauf, am Nach- mit- tag, trifft
C Am Dm G C Dm G
ei- nem Haus mit Gar- ten, wo sie Platz zum To- ben hat. Dann
sie sich oft mit An- na, die sie wirk- lich ger- ne mag. -
F Em Am Dm G C F
fehlt nur noch ihr klei- ner Bru- der Ja- kob im Quar- tett. Doch erst mit Ka- ter
An- na ist die bes- te Freun- din, die man ha- ben kann, und wenn es ein- mal
Em Am D G C F
Mau ist die Fa- mi- lie ganz kom- plett. Con- ni, Con- ni,
Streit gibt, hält der nie- mals lan- ge an.

es macht Spaß mit dir! Con- ni, Con- ni, komm ein Stück mit mir!
Con- ni, zeig mir dei- ne Welt und lass uns Freun- de sein, denn, lie- be Con- ni,
Con- ni, Con- ni, mit dir ist man nie al- lein! Sie geht
ist man nie al- lein! Und wenn ihr sie noch nicht kennt, na dann wird's lang- sam mal Zeit! Jetzt habt ihr
da- zu die Ge- le- gen- heit. Con- ni, Con- ni, es macht Spaß mit dir!
Con- ni, Con- ni, komm ein Stück mit mir! Con- ni, zeig mir dei- ne Welt und
lass uns Freun- de sein, denn, lie- be Con- ni, Con- ni, Con- ni, mit dir ist man nie al- lein!

Musik und Text: Rainer Bielfeldt

Ich mach so gern Musik

Um Musik zu machen, braucht Conni nur Töpfe und Löffel. Aber Mama schenkt Conni doch lieber ein Glockenspiel.

Ich hör so gern Mu- sik, Trom- mel, Flö- te und Kla- vier. Ich hab so- gar ein Glo- cken- spiel, auf
dem ich mu- si zier. Da- rauf spiel ich ganz oft mei- ne eig- ne Me- lo- die. Doch
mach so gern Mu- sik, ma- le No- ten auf Pa- pier. Das
manch- mal trom- mel ich ganz laut 'ne Kü- chen- sin- fo- nie.
ist mein neu- es Kü- chen- lied, wie's klingt, das hört ihr hier.
Ich nehm mir ei- nen Koch- topf und
dreh ihn ein- fach um. Und wenn ich auf den Topf klopf, macht es: Tsching- da- ras- sa-
bumm! Hört nur die Rei- be, die den Ritsch- ratsch- Rhyth- mus macht. Und die- se
Der gro- ße Koch- topf schep- pert tief, der klei- ne hell. Und die- se
Kel- le, wie sie auf den Ei- mer kracht. Und mit 'nem Schnee- - be- sen schlag ich heut statt
Löf- fel hier, die klap- pern ganz schön schnell. Und die- se De- ckel von den Töp- fen sind als
Sah- ne Rum- ta- ta! Und schon ha- be ich ein Schlag- zeug da!
Be- cken wun- der- bar.

Mu-
sik, Mu- sik, Mu- sik, Mu- sik ist ein- fach toll! Ich sik ist ein- fach toll!
Mama: Con- ni, was ist das bloß für ein Krach? Papa: Con- ni, uns- re Nach- barn wer- den wach! beide: Oh,
Con- ni, was ist das für ein Ra- dau? Conni: Das ist si- cher kein Ra- dau! Und das
wisst ihr ganz ge- nau! Das ist Mu- sik, Mu- sik, Mu- sik, Mu- sik ist ein- fach toll!

Musik: Rainer Bielfeldt,
Text: Otto Senn

In die Schule gehen

Endlich! Der erste Schultag ist da. Ein bisschen mulmig ist Conni zwar zumute, aber sie weiß: Sie schafft das!

3x
In die Schu- le gehn, wie wird das wohl sein? Es gibt ja so viel Neu- es hier. Ner-
vös bin ich schon, doch ich bin nicht al- lein: Ich glau- be, hier ge- fällt es mir. Hier Ma-
sind ganz vie- le Kin- der, und ich ken- ne schon ein paar. Die an- dern lern ich ken- nen, das ist
rie kann mit den Oh- ren wa- ckeln, Pe- ter kann Spa- gat, - San- ta kann schon rech- nen, und Se-
so- wie- so mal klar. Die gu- cken schon so rü- ber, und ich kann es deut- lich sehn: Wir
bas- tian schlägt ein Rad. Das will ich al- les ler- nen, da- für zeig ich ih- nen dann, wie
wer- den uns be- stimmt ganz toll ver- stehn. Die Zwil- lin- ge da drü- ben ha- ben
ich schon mei- nen Na- men schrei- ben kann. Wir ma- len bun- te Bil- der, da- mit
dun- kel- brau- ne Haut. Die krie- gen ganz be- stimmt nie ei- nen Son- nen- brand. Ich
schmü- cken wir die Wand. Ich häng mir eins mit An- na und mit Si- mon hin. Dann
glaub, ich geh mal rü- ber, so- viel werd ich mich doch traun. Die kom- men si- cher aus 'nem ganz be-
gehn wir raus, denn drau- ßen war- tet schon der Fo- to- graf, der macht von uns ein Fo- to mit der

sond- ren Land. In die mir. Und mei- ne knall- ro- te Schul- tü- te mag ich to- tal, und
Leh- re- rin.
so- wie- so: Ich fühl mich heut ganz fei- er- lich! Ich weiß ja schon: Das al- les hier wird
bald ganz nor- mal. Das ist uns heut e- gal, denn al- le den- ken so wie ich: In die
Schu- le gehn, wie wird das wohl sein? Es gibt ja so viel Neu- es hier. Ner-
vös bin ich schon, doch ich bin nicht al- lein: Ich glau- be, hier ge- fällt es mir.

Musik: Rainer Bielfeldt, Text: Edith Jeske

Flecki und ich

Auf dem Rücken eines Ponys zu sitzen, ist toll. Conni freut sich schon auf ihren ersten Ausritt über die Felder.

3 transponiert
Musik: Rainer Bielfeldt, Text: Edith Jeske
3x
D G D A
1. Es war Lie- be auf den ers- ten Blick bei Fle- cki und bei mir. Ich
hat ganz viel Ge- duld mit mir, wenn man- ches noch nicht klappt. Sie
mag's, wenn ich sie strie- gel, da- von kriegt sie nie zu viel. Mir
D G A D A D
wuss- te, wenn ich rei- ten lern, dann will ich's nur bei ihr. Sie ist das tolls- te Po- ny, das man
weiß, ich muss noch ü- ben und ist nie- mals ein- ge- schnappt. Zum Dank da- für halt ich ihr dann ein
macht es ganz ge- nau- so Spaß, grad wie ein tol- les Spiel. Doch auch wenn ich mal mü- de bin, dann
A D G D
sich nur den- ken kann, und ihr ge- scheck- tes Fell fühlt sich bei-
Ap- fel- stück- chen hin. Dann schnaubt sie: das be- deu- tet, dass ich
ist es mei- ne Pflicht. Ein Po- ny muss man pfle- gen, denn ein
E A D A G D G D
nah wie Sei- de an. Fle- cki und ich, ihr soll- tet uns mal sehn! Fle- cki und ich sind
ih- re Freun- din bin.
E A D A G D
zwei, die sich ver- stehn. Auch wenn es so aus- sieht, als wä- re nichts da- bei:
A D A D E A
Rich- tig zu rei- ten, da- zu ge- hö- ren zwei. 2. Fle- cki Spiel- zeug ist es nicht. Und
3. Fle- cki

muss ich dann nach Haus, sag ich ihr leis ins Ohr: "Bis dann!" Sie
D G A D A
weiß, dass sie sich hun- dert- pro auf mich ver- las- sen kann. Ja, Fle- cki und ich, ihr
G D G D E A
soll- tet uns mal sehn! Fle- ck und ich sind zwei, die sich ver- stehn. Auch
D A G D A D A D
wenn es so aus- sieht, als wä- re nichts da- bei: Rich- tig zu rei- ten, da- zu ge- hö- ren zwei.

Heut ist dein Geburtstag

Ein Geburtstagsständchen, das nicht nur Conni, sondern allen Geburtstagskindern gebracht werden kann.

transponiert

3x
A D A H E
Heut ist dein Ge- burts- tag, lie- be Con- ni! Heut ist dein Ge- burts- tag, und al- le sind wir hier:
A D A D A E A
al- le dei- ne Freun- de, lie- be Con- ni. Heut ist dein Ge- burts- tag, und den fei - ern wir.
1. Be-
2. Wir
A Hm E Hm E
stimmt hast du dich lan- ge schon auf die- sen Tag ge- freut. Und heut bist du ganz auf- ge- regt, denn
na- schen uns die Bäu- che voll, denn das ge- hört da- zu. Wir las- sen es uns gut gehn, doch das
A D
heut ist es so weit: - Wie- der ein Jahr äl- ter, und wir zäh- len ganz ge- schwind die
Wich- tigs- te bist du! Du bist was ganz Be- son- de- res, ein Glück, dass es dich gibt! Und
H E tacet
Ker- zen auf dem Ku- chen, toll, wie vie- le das schon sind!
des- halb ha- ben wir ein schö- nes Lied für dich ge- übt:
Zwo, drei, vier!
E F♯m D A E A
fei- ern wir. Heut ist dein Ge- burts- tag, und den fei- ern wir mit dir!

Musik: Rainer Bielfeld, Text: Edith Jeske

Das Lied Nr. 17 auf der CD ist eine Mitsing-Version des Geburtstagsliedes!

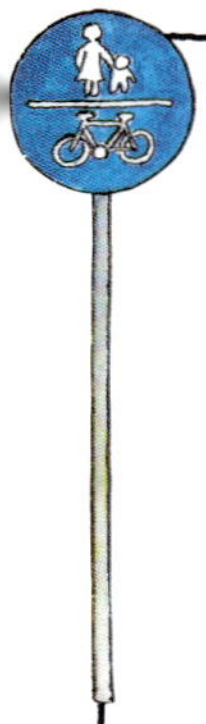

So ein Fahrrad ist viel toller (als mein oller kleiner Roller)

Conni bekommt ein wunderschönes rotes Fahrrad zum Geburtstag! Was für ein Fest!

transponiert
A E A
An- na hat ein Fahr- rad und kurvt da- mit um- her. Ich hab nur 'nen Rol- ler, den
E A E A E A
will ich gar nicht mehr. Ich will auf dem Sat- tel sit- zen, fröh- lich durch die Ge- gend flit- zen,
D A E A
An- na hin- ter- her, das wünsch ich mir so sehr. gesprochen: Ich hab Ge-
3x A F♯m Hm E
burtstag, mein Geschenk ist riesengroß. Ich pack es schnell aus. Was ist das bloß? Es
gesprochen: Erst lern ich bremsen, das ist wichtig, sagt Papa! Dann fahr ich ganz schnell los, rüber zu Mama. Man
Heute ist ein großer Tag, jetzt geht's erst richtig los! Für die blöden Stützräder bin ich schon zu groß.
A F♯m Hm E
ist das rote Fahrrad aus dem Laden in der Stadt, das 'ne tolle Klingel und zwei Stützräder hat. Ich
muss nur feste treten, das lernt man im Nu. Mama, Papa, Jakob und der Kater schaun zu! Und
Mama hat die Dinger einfach abgeschraubt. Als Anna mich sieht, hat sie's fast nicht geglaubt. Auf dem
C♯ F♯m H E
kann es kaum erwarten, bis Papa mir erklärt, wie man richtig Fahrrad fährt!
wenn man auch mal hinfällt, Rad fahrn ist nicht schwer, und mein roter Helm, ja der schützt mich sehr.
Spielplatz baun wir einen Fahrradparcours. Und morgen machen wir eine Fahrradtour!
A E A
Jetzt hab ich ein Fahr rad, das find ich ganz gran- dios! Für den al- ten Rol- ler bin

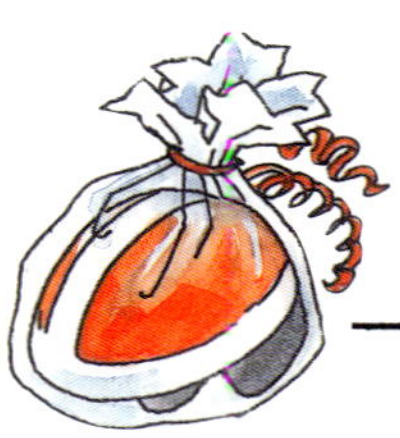

E A E A E A
ich schon viel zu groß. So ein Fahr- rad ist viel tol- ler als mein ol- ler klei- ner Rol- ler!
D A E A
Das ist ganz fa- mos! Ich fahr jetzt ein- fach los!
D A Hm E A
Platz da! Hier kommt Con- ni! Ich fahr jetzt ein- fach los!

Musik: Rainer Bielfeldt, Text: Otto Senn

Meine beste Freundin

Freunde braucht jeder. Zum Spielen und Lachen und manchmal auch zum Streiten.

transponiert

A D A E A D
Hal- lo, An- na! Hal- lo, Con- ni! Weißt du, wie toll das ist? Hal- lo, Con- ni! Hal- lo, An- na! Dass du
E A C♯ F♯m E A
mei- ne Freun- din bist! Wir wol- len nie- mals strei- ten, lass uns im- mer Freun- de sein! Denn wer
D A E A D
rich- tig gu- te Freun- de hat, der ist nie al- lein! An- na spielt gern Fuß- ball, ganz ge-
A E A D E A
nau- so wie ich. Con- ni mag gern Po- nys. Und das gilt auch für mich. Wir
C♯ F♯m H
fah- ren ger- ne Fahr- rad, tref- fen uns fast je- den Tag, weil ich An- na, weil ich Con- ni wirk- lich
E E A C♯m
ganz doll mag! Hal- lo ist nie al- lein! Doch heut spiel ich al- lein! Wir
F♯m H E G♯
hat- ten ges- tern Streit, und ich hab "blö- de Kuh" ge- sagt, das tut mir jetzt schon Leid. Ich

C♯m A E C♯m
wün- sche mir so sehr, dass sie mir bald ver- zeiht! Al- lein sein ist nur halb so schön! Ich
H E A D
spiel so gern zu zweit! Hal- lo, An- na! Hal- lo, Con- ni! Weißt
A E A D E A
du, wie toll das ist? Hal- lo, Con- ni! Hal- lo, An- na! Dass du mei- ne Freun- din bist! Wir
C♯ F♯m E A D A
wol- len uns ver- tra- gen, lass uns wie- der Freun- de sein! Denn wer rich- tig gu- te Freun- de hat, der
E F♯m D A Hm E A
ist nie al- lein! Wer rich- tig gu- te Freun- de hat, der ist nie mehr al- lein!

Musik: Rainer Bielfeldt, Text: Otto Senn

Endlich Ferien

Am allerliebsten ist Conni in den Ferien am Meer. Zum Schwimmen und Buddeln, zum Eisessen und Krebse suchen.

3
G C G C G D
1. Das Au- to ist ganz voll ge- packt, wir fah- ren ü- bers Land!
2. - Ma- ma gibt mir Son- nen- milch. Wir gehn jetzt an den Strand.
3. Ein Aus- flug auf 'nem Fi- scher- boot, die Son- ne scheint ganz heiß!
G C G C D G
Plötz- lich ist das Meer in Sicht, ich freu mich auf den Strand. Wir
Pa- pa sucht 'nen Strand- korb aus, ich bau 'ne Burg aus Sand. Die
Heut ist un- ser letz- ter Tag, drum gibt's zum Nach- tisch Eis! Die
H Em A D
woh- nen auf dem Cam- ping- platz in ei- nem klei- nen Zelt, und
Wel- len wo- gen hin und her, ich hab 'nen Krebs ent- deckt. Mit
Fe- rien sind so schnell vor- bei, drum wünsch ich mir so sehr, dass
G C G C D G
gar nicht weit vom Meer ent- fernt, ach wie mir das ge- fällt!
Pa- pa schwimm ich dann im Meer, das ganz schön sal- zig schmeckt.
wir auch wie- der nächs- tes Jahr zu- rück- fahrn an das Meer!
G Em Am D G
Pa- pa hat frei und Ma- ma hat frei, da- rum fah- ren wir ans Meer. Dort gibt's
G Em Am D
Son- ne und Strand und Mu- scheln und Sand, und das mag ich al- les
G C G
sehr. Ach, ist das herr- lich, denn wo- hin ich auch schau: Das

A D G D
Meer reicht bis zum Him- mel, und der Him- mel ist blau. Kin- der, die spie- len, und Mö-
C G C D G
wen im Wind. Wie schön, dass end- lich Fe- ri- en sind!

Musik: Rainer Bielfeldt, Text: Otto Senn

Kater Mau

Kater Mau ist ein ganz besonderes Tier: so lieb und süß wie sonst keiner. Und das Beste ist: Er gehört Conni.

transponiert

3
G Em Am D G Em
1. Es ist ein- fach so pas- siert: bist ei- nes Tags durch uns- re Tür spa-
2. Ach Mau, wenn ich dich nicht hätt! Wenn's kei- ner sieht, dann lass ich dich ins
Am D H Em
ziert. Hast dich nicht lan- ge be- son- nen, un- ser Herz ge- won- nen, auch
Bett. Du bist so put- zig und pusch- lig, so ver- schmust und kusch- lig, mit
A D G C
Pa- pa hat da ka- pi- tu- liert, weil du uns zum La- chen bringst, wenn du dein
dir sind wir erst rich- tig kom- plett. Nie- mals mehr rück ich dich raus. Ist auch nicht
G D G D G Hm Am D
al- ler- schöns- tes Kat- zen- lied singst. Mau, mein Freund auf vier Bei- nen.
nö- tig, denn wir sind dein Zu- haus.
G Hm Am D G C G
Mau, wie dich gibt's nur ei- nen. Ich hab dich lieb wie sonst kei- nen, und du weißt es ge- nau, mein
C D Em C D G
wun- der- ba- rer Ka- ter Mau, mein wun- der- ba- rer Ka- ter Mau. Und
C G C G C G D C G
spre- chen kannst du au- ßer- dem, denn du bist ganz schön schlau. Wenn ei- ner fragt: "Wie

C G C D G D G Hm Am D
heißt du denn?", dann sagst du: "Mau!" Mau, mein Freund auf vier Bei- nen.
G Hm Am D G
Mau, wie dich gibt's nur ei- nen. Ich hab dich lieb wie sonst kei- nen, und du
C G C D Em
weißt es ge- nau, mein wun- der- ba- rer Ka- ter Mau, mein
C G D G
wun- der- ba- rer Ka- ter Mau.

Musik: Rainer Bielfeldt, Text: Edith Jeske

Ich spiel so gerne Fußball

Wenn etwas herumliegt, muss Conni es einfach wegkicken. Das geht nicht anders. Schade, dass nur einmal in der Woche Fußballtraining ist.

D G D A D
Ich spiel so ger- ne Fuß- ball, manch- mal auch al- lein, mit 'ner lee- ren Do-
G Em A D A
se o- der auch mit ei- nem Stein. Doch am al- ler- liebs- ten
D E A D
spie- le ich mit den an- dern im Ver- ein. Da- rum kommt mit mir zum Fuß-
G D A D
ball, ich lad euch al- le ein!
1. Ich bin die Num- mer Fünf und hab ein
2. - Mei- ne Freun- din An- na schießt das
G D E A
ro- tes Tri- kot an, an den Fü- ßen Schu- he mit so klei- nen Knub- beln dran. Be-
Tor zum zwei zu zwei. Jetzt wird's rich- tig span- nend, denn das Spiel ist fast vor- bei. Ein
D G E A
vor wir rich- tig spie- len, wär- men wir uns erst mal auf und ma- chen ei- nen Dau- er-
Jun- ge von den an- dern kickt den Ball quer ü- bers Feld, - a- ber un- ser Tor- wart
D F♯ Hm
lauf. Dann er- tönt der An- pfiff und mein ers- tes Spiel be- ginnt.
hält! Weil ich grad den Ball hab, stellt mir ei- ner noch ein Bein.

Al- le sind ge- spannt, denn kei- ner weiß, wer heut ge- winnt. Wir ra- sen ü- bers Spiel- feld, ren- nen
So was nennt man Foul und so ein Foul ist ganz ge- mein. Drum krieg ich ei- nen Frei- stoß und mein
fröh- lich kreuz und quer, und der Ball fliegt hin und her. Ich
Ball geht voll ins Tor! Al- le ru- fen laut im
Chor: Tor! Tor! Con- ni vor! Con- ni schießt ein Tor! Tor! Tor!
Con- ni vor! Con- ni schießt ein Tor! Ich spiel so ger- ne Fuß- ball,
manch- mal auch al- lein, mit 'ner lee- ren Do- se o- der auch mit ei- nem Stein.
Doch am al- ler- liebs- ten spie- le ich mit den an- dern im Ver- ein.
Da- rum kommt mit mir zum Fuß- ball, ich lad euch al- le ein!

Musik: Rainer Bielfeldt,
Text: Otto Senn

Tanzen macht Spaß

In der Balletstunde kann Conni so wild und schnell tanzen wie sie will. Es stehen ja auch keine Vasen herum.

transponiert

3x
A D A F♯m Hm E
1. Ja, ich tanz, weil ich das mag, durch die Woh- nung Tag für Tag.
2. Vie- le Kin- der im Bal- lett und die Leh- re- rin ist nett.
3. End- lich kann ich den Spa- gat und die mein gro- ßer Auf- tritt naht.
A D A D E A
Hoch die Ar- me! Hoch das Bein! Al- les dreht sich von al- lein.
Der Bal- lett- saal ist sehr schön, weil da kei- ne Va- sen stehn.
Ma- ma kauft mir ein Tu- tu. Und ich üb und geb mir Müh.
C♯ F♯m H E
Plötz- lich fällt 'ne Va- se um, sie zer- bricht, das ist ganz dumm.
Nur ein Spie- gel an der Wand und 'ne Stan- ge für die Hand.
Als der Vor- hang sich dann hebt, kom- men wir he- rein- ge- schwebt.
A E D A D E
Doch Ma- ma, die war - ganz nett und drum darf ich jetzt zum - Bal-
Da- ran hal- ten wir - uns dann, weil man so bes- ser ü- - ben
Ganz in Weiß und voll E- le- ganz tan- zen wir ei- nen Schnee- flöck- chen-
A E A D A E A
lett! kann. tanz!
Wenn ich Mu- sik hör, kann ich nicht ruhig ste- hen, dann wa- ckeln die
D E A D A
Ze- hen und ich muss mich drehn. So geht's mir im- mer, ich tan- ze durchs
E A D E A A
Zim- mer, denn Tan- zen macht Spaß und ist ein- fach nur schön! Ich

E A E A F♯ Hm
geh ins Pli- é und dann streck ich den Zeh. Und wenn ich mich dreh und
F♯ Hm E A F♯ H G♯
im Spie- gel seh in mei- nem Tri- kot, ja, dann freu ich mich so. Ich wirb- le um-
C♯ H E A D A
her wie ein Flöck- chen aus Schnee. Wenn ich Mu- sik hör, kann ich nicht ruhig
E A D E A D
ste- hen, dann wa- ckeln die Ze- hen und ich muss mich drehn. So geht's mir im- mer, ich
A E A D E A
tan- ze durchs Zim- mer, denn Tan- zen macht Spaß und ist ein- fach nur schön!

Musik: Rainer Bielfeldt, Text: Otto Senn

Zahnarzt

Conni putzt ihre Zähne immer so gut sie kann. Darum hat der Zahnarzt meistens nichts zu tun, wenn sie kommt.

3x
G C G Em A D
1.+3. Zahn- arzt, da bin ich, hal- lo! Zahn- arzt, wie geht's dir denn so?
2. Zahn- arzt, - in dei- nem Stuhl, Zahn- arzt, - bleib ich ganz cool.
G C G C G D G
Zahn- arzt, - freust du dich auch, wenn ich dich meis- tens gar nicht brauch?
Zahn- arzt, ich glaub nicht da- ran, dass man sich vor dir fürch- ten kann.
G Em Am E Am D
Zwei- mal im Jahr geh ich zu dir, dann guckst du mir in den Mund.
Zwei- mal im Jahr geh ich zu dir, - rich- tig ger- ne so- gar.
Am D G D G
Meis- tens bist du zu- frie- den mit mir, mei- ne Zäh- ne sind al- le ge- sund. Und
Denn wenn ich bei dir rein- - spa- zier, geht das im- mer - ta- del- los klar. Ich
C G C G C D
find'st du doch - ein klei- nes Loch, dann ist das kein Mal- heur. Du
weiß ja, dass ich ein ech- tes Ass im Zäh- ne- put- zen bin. Und
C G C G A D
machst es zu, und im Nu, da sieht man es gar nicht mehr.
schau mal, hier bring ich dir auch Ma- ma und Pa- pa hin.
D G C D Hm Em
gar nicht brauch? Und wenn wir das nächs- te Mal zu dir fahrn, zeig ich
A D G
dir mei- nen na- gel- neu- en Wa- ckel- zahn und sa- ge: Zahn- arzt,

A D G
dir mei- nen na- gel- neu- en Wa- ckel- zahn und sa- ge: Zahn- arzt,
C G Em A D G
in dei- nem Stuhl, Zahn- arzt, bleib ich ganz cool. Zahn- arzt, ich
C G C G D C G
glaub nicht da- ran, dass man sich vor dir fürch- ten kann. Zahn- arzt!

Musik: Rainer Bielfeldt, Text: Edith Jeske

Wenn es draußen kalt wird

Warum vergeht nur die Adventszeit immer besonders langsam? Aber irgendwann ist dann doch Weihnachten.

C G Am Em F C
Wenn das Jahr schon alt wird, wenn es drau- ßen kalt wird, wenn der Weih- nachts- markt mit den
Dm G C G Am Em
Bu- den lockt, ziehn wir los und ma- chen lau- ter tol- le Sa- chen.
F G C C G
Sel- ber Schuld, wer da in der Stu- be hockt. Doch wenn's lang- sam dun- kelt
Brau- ne Nüs- se kna- cken,
Am Em F C Dm G
und am Him- mel fun- kelt, dann ist es zu Haus ganz be- son- ders schön.
Weih- nachts- päck- chen pa- cken, je- den Mor- gen schaun, ob es end- lich schneit,
C G Am Em F
Gold- ner Ker- zen- schim- mer leuch- tet durch das Zim- mer, und dann ist es Zeit, dass wir
und auch beim Ver- schen- ken an die Kin- der den- ken, de- nen vie- les fehlt in der
G C F C F C
schla- fen gehn. Ad- vent, Ad- vent, ein Licht- lein brennt, und War- ten ist so schwer. Wa-
Weih- nachts- zeit. - Ü- ber- all Ge- glit- zer, wie im Mär- chen sieht das aus. -
F C Dm G F C
rum kann nicht schon mor- gen Hei- lig- a- bend sein? Wo kom- men so viel Tür- chen am Ad-
Und jetzt kau- fen wir uns ei- nen Weih- nachts- baum. Den al- ler-, al- ler- schöns- ten ho- len

F C F C D G
vents- ka- len- der her? Ach, wenn die Vier- und- zwan- zig doch end- lich of- fen wär!
wir zu uns nach Haus, und auf dem Weg be- geg- nen wir auch dem Ni- ko- laus.
C G Am Em F C
Der muss sich be- ei- len, um al- les zu ver- tei- len, weil die Ta- ge doch nicht so
Dm G D A Hm F♯m
vie- le sind, be- vor es dann so weit ist, für das Christ- kind Zeit ist,
G A D G A D
und auf ein- mal geht al- les so ge- schwind, was ich fast schon scha- de find

Musik: Rainer Bielfeldt,
Text: Edith Jeske

Kleine Brüder

Wie schön, einen Bruder zu haben! Und wie schön, wenn er mal nicht da ist.

transponiert
A F♯m Hm E Hm E
Kennst du das auch? Du machst grad Haus- auf- ga- ben o- der liest in ei- nem Buch und willst al-
Neu- lich ein- mal ist Fol- gen- des ge- sche- hen: Uns- re al- ler- bes- te Va- se fiel mir
A E A F♯m Hm E
lei- ne sein. Du möch- test bloß ein biss- chen Ru- he ha- ben, doch da
aus der Hand. Lei- der hat das mein Bru- der wohl ge- se- hen, und er
Hm E A C♯m
stürzt dein klei- ner Bru- der in dein Zim- mer rein. Und er macht viel Krach und fragt
ist so- fort zum Pet- zen zu Ma- ma ge- rannt. Manch- mal glaub ich fast, dass Ma-
F♯m Hm E C♯m
dich, ob er dei- nen Ted- dy ha- ben kann. A- ber weil du den nicht her-
ma ihn noch et- was lie- ber hat als mich. Doch dann nimmt sie mich ganz doll
F♯m H E D E
ge- ben willst, fängt er gleich zu heu- len an. Klei- ne Brü- der kön- nen ner-
in den Arm, und sie sagt: "Da irrst du dich!"
A D E A D E
ven, wenn sie bo- ckig sind und stur und mit Le- go- stei- nen wer-
F♯m H E D E
fen, ja, dann ner- ven sie uns nur! Klei- ne Brü- der kön- nen stö-
A D E F♯m D A
ren, denn sie klop- fen nie- mals an. A- ber den- noch ist mein klei-

ner Bru- der Ja- kob der bes- te klei- ne Bru- der, den man ha- ben kann!
ha- ben kann! Und wenn ich mal ganz ehr- lich bin, ge- steh ich's ger- ne ein: Gro- ße
Schwes- tern kön- nen si- cher ganz ge- nau- so ner- vig sein! Klei- ne
Brü- der kön- nen ner- ven, wenn sie bo- ckig sind und stur und mit
Le- go- stei- nen wer- fen, ja, dann ner- ven sie uns nur! Klei- ne
Brü- der kön- nen stö- ren, denn sie klop- fen nie- mals an. A- ber
den- noch ist mein klei- ner Bru- der Ja- kob der bes- te klei- ne Bru- der, den man ha- ben kann!

Text und Musik: Rainer Bielfeldt

Connis Pizza-Rezept
1 Packung Backmischung für Pizzateig
150 ml warmes Wasser • Öl zum
Einfetten des Backblechs und zum
Bestreichen der Pizzas •
3 Tomaten • 1 rote und 1 grüne Paprika •
150 g geriebenen Käse (z. B. Gouda) •
4 Salamischeiben • einige Oliven •
Tomatenketchup •
Die Backmischung mit Wasser zu
einem glatten Teig verkneten.
Den Teig ausrollen.
Mit einem Wasserglas Kreise aus-
stechen. Die Pizzas mit Öl bepinseln.
Die Pizzas mit Tomatenketchup bestreichen
und mit Tomatenscheiben, Paprikastreifen,
Oliven und Salami belegen.
Mit Käse bestreuen.
Im Backofen bei 200°C etwa
10-15 Minuten backen.

Hurra, wir backen Pizza

Dass Mama auch immer wieder Spinat kochen muss! Jetzt machen Conni und Simon endlich mal etwas Leckeres.

transponiert

A D E A
Hur- ra, wir ba- cken Piz- za! Schnell den Tisch ge- deckt! Hur-
A D E A
ra, wir ba- cken Piz- za, weil Piz- za le- cker schmeckt! Da ist
C♯ F♯m H E
Mehl auf Con- nis Na- se! Da ist Teig in Si- mons Haar! Hur-
A D E A
ra, wir ba- cken Piz- za! Und das ist wun- der- bar! 1. Spi- 2. -
D G D G E A
nat ist doof, den mag ich nicht, doch Piz- za ist mein Leib- ge- richt. Weil ich den Spi- nat nicht mag, -
All die run- den Piz- za- schei- ben wer- den erst mit Öl be- schmiert, mit To- ma- ten- matsch be- kle- ckert
E A D A E A
mach ich heu- te Piz- za- Tag. Erst mal brau- chen wir To- ma- ten, Ket- chup und auch Pap- ri- ka,
und mit Pap- ri- ka ver- ziert. Kä- se- wür- fel sind die Au- gen, aus Sa- la- mi ist der Mund.
D A H E
Schin- ken, Kä- se und O- li- ven. Kein Prob- lem, ist al- les da! Hur-
Die O- li- ve ist die Na- se. Un- ser Piz- za- mond ist bunt.

D E A E H
das ist wun- der- bar! Uns- re Piz- za- mon- de schwit- zen nun bei
C♯m F♯ D A
fast zwei- hun- dert Grad, wer- den gelb- gold- braun im O- fen, schme- cken
Hm E A D
bes- ser als Spi- nat! Hur- ra, wir ba- cken Piz- za!
E A D
Schnell den Tisch ge- deckt! Hur- ra, wir ba- cken Piz- za, weil
D E A C♯ F♯m
Piz- za le- cker schmeckt! Da ist Mehl auf Con- nis Na- se! Da ist
H E A D
Teig in Si- mons Haar! Hur- ra, wir ba- cken Piz- za! Und
D E F♯ D E A
das ist wun- der-, wun- der-, wun- der-, das ist wun- der- bar!

Musik: Rainer Bielfeldt, Text: Otto Senn

Teddy

Conni passt auf Teddy auf. Und Teddy ist immer für Conni da, wenn sie ihn braucht.

transponiert

A Hm
Du bist mein bes- ter Freund, - und wir ma- chen viel Quatsch, spie- len
flit- zen mit dem Rol- ler o- der auch mit dem Rad. - Wir
E A F♯m
Schu- le und Ver- ste- cken, bud- deln manch- mal im Matsch, dann steckt dich Ma- ma schnell - in die
mö- gen ger- ne Piz- za, a- ber kei- nen Spi- nat. Ich nehm dich mit zum Fuß- ball, denn das
Hm E A
Wasch- ma- schi- ne rein, das hast du gar nicht gern, - doch was sein muss, muss sein. Und auch
fin- dest - du schön, und auch zum Zahn- arzt würd ich nie- mals oh- ne dich gehn. Und am
D E C♯m F♯m
mor- gen wird der Tag - wie- der wun- der- schön, wenn wir
A- bend sind wir al- le bei- de herr- lich k. o., mor- gen
H E A Hm D E
neu- e A- ben- teu- er be- stehn! Ted- dy, schlaf jetzt ein, bist ja noch so klein.
ma- chen wir's ge- nau wie- der so.
A Hm D E F♯m
Ich, ich bin schon grö- ßer, drum geb ich auf dich Acht. Ich bin bei dir. Schlaf und träum von
D A D A Hm E A
1.
mir und freu dich schon auf mor- gen, ich wünsch dir gu- te Nacht.

D E A E F# D#m G#m
2.
wünsch dir gu- te Nacht. Du sagst es nie- mals laut, doch manch- mal fürch- test du dich, ganz be-
C#m F# H Hm E
son- ders, wenn es dun- kel ist, doch hast du ja mich. Dann ku- schelst du dich fest in mei- ne
A D Hm E
Ar- me hi- nein: Zu- sam- men sind wir ei- ner mehr als ei- ner al- lein!
A Hm D E A Hm
Ted- dy, schlaf jetzt ein, bist ja noch so klein. Ich, ich bin schon grö- ßer, drum
D E F#m D A
geb ich auf dich Acht. Ich bin bei dir. Schlaf und träum von mir und
Hm A D E A
freu dich schon auf mor- gen, ich wünsch dir gu- te Nacht.

Musik: Rainer Bielfeldt, Text: Edith Jeske

Dur-Akkorde

C

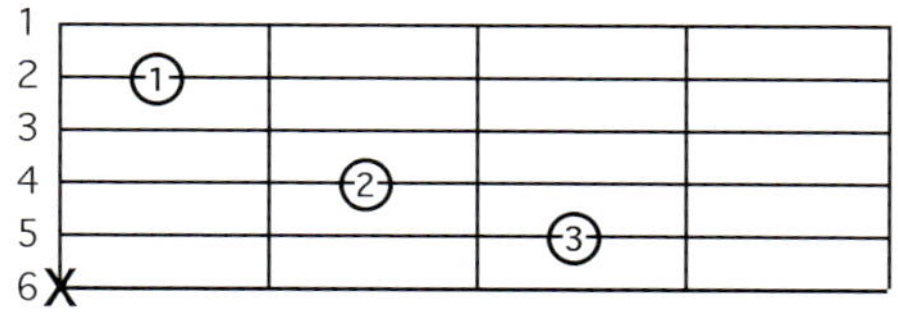

G

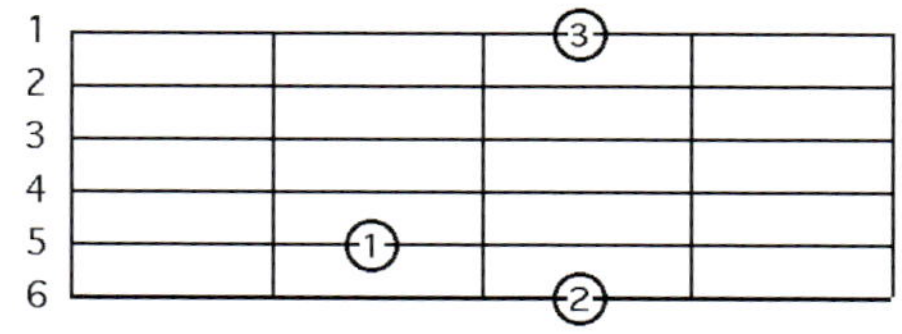

D

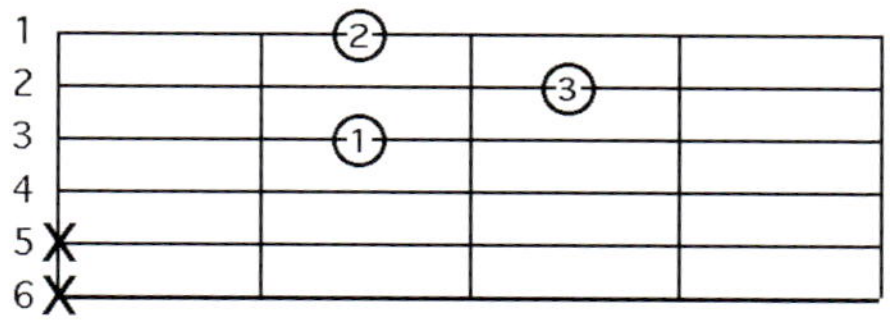

A

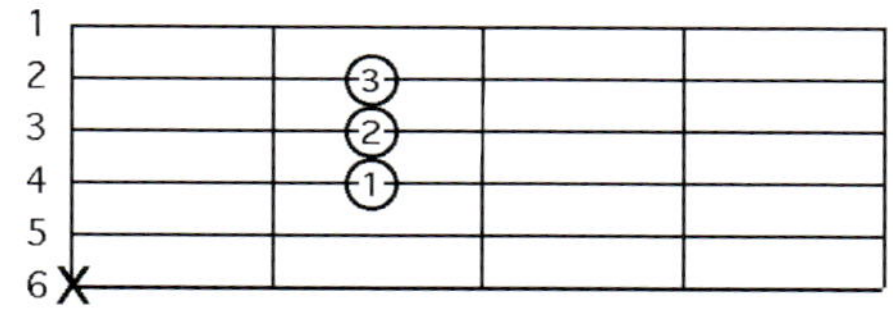

E

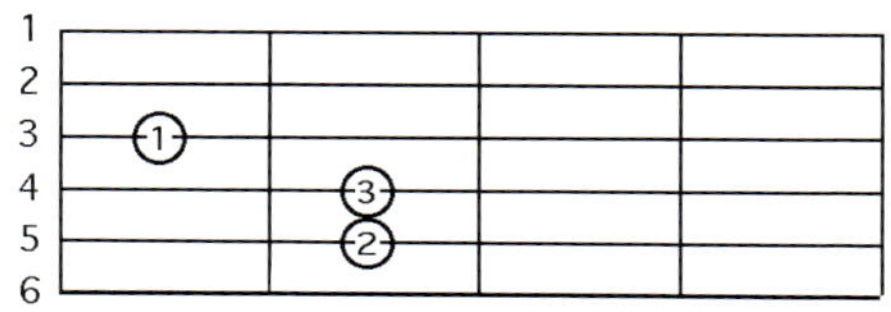

F

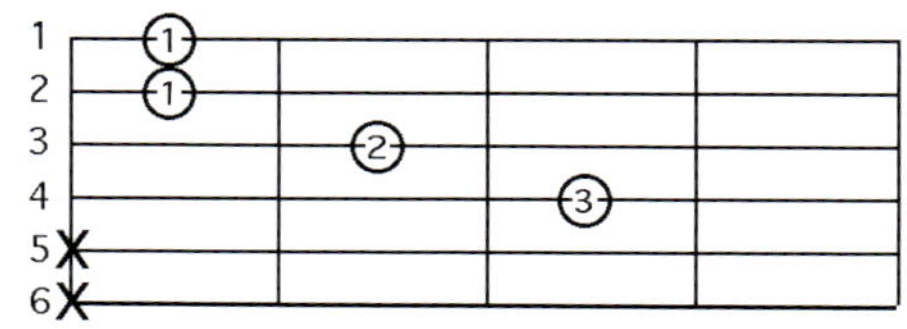

Moll-Akkorde

Am

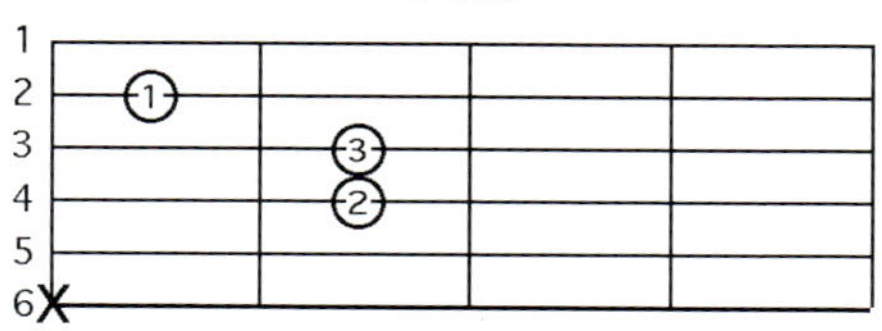

Dm

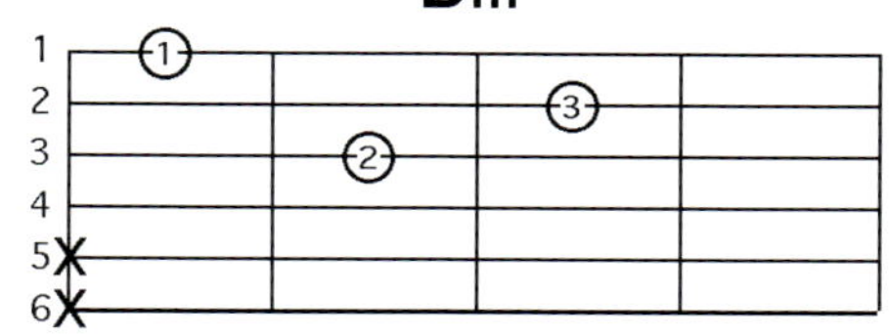

Em

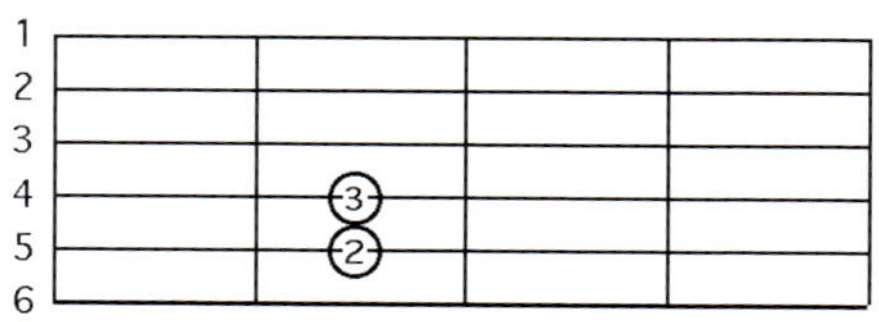

D♯m

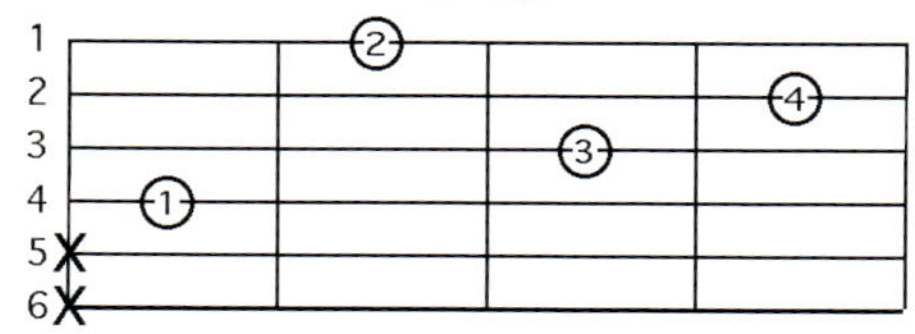

Barrée Akkorde

F♯

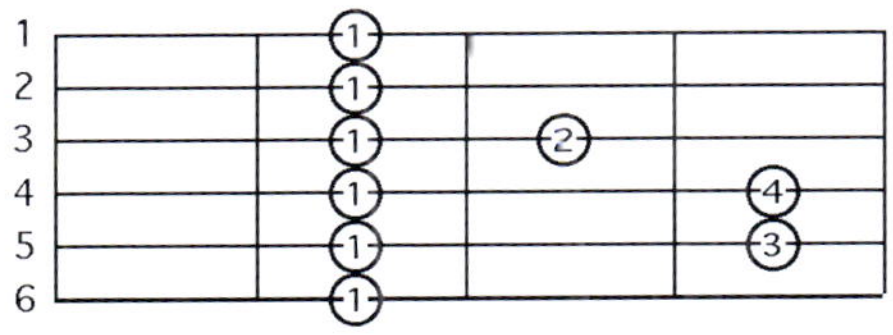

4. Bund **G♯**

H

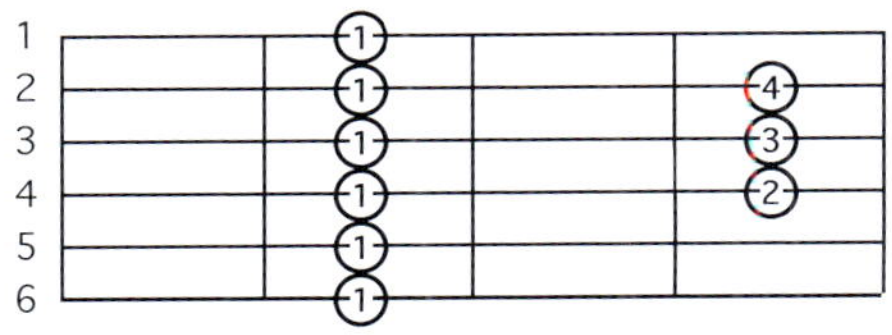

C♯

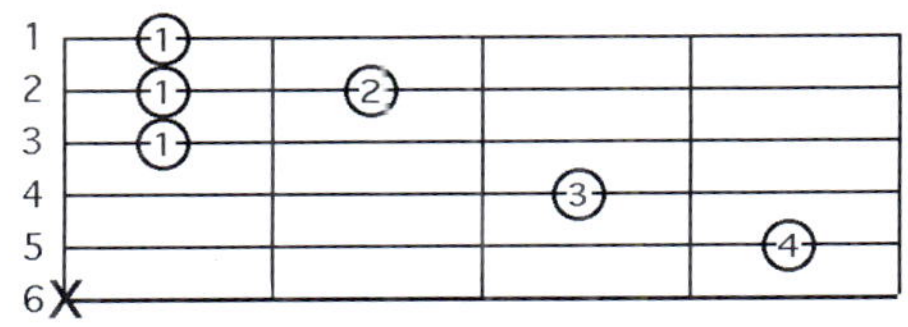

F♯m

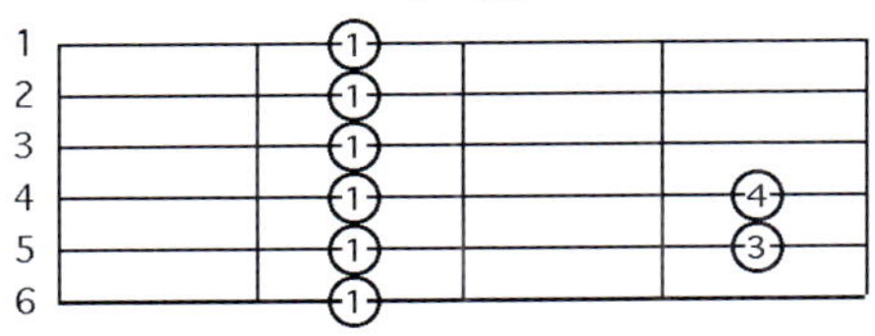

4. Bund **G♯m**

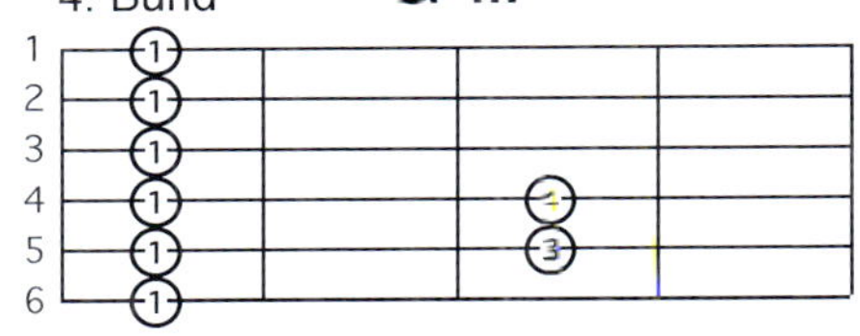

Hm

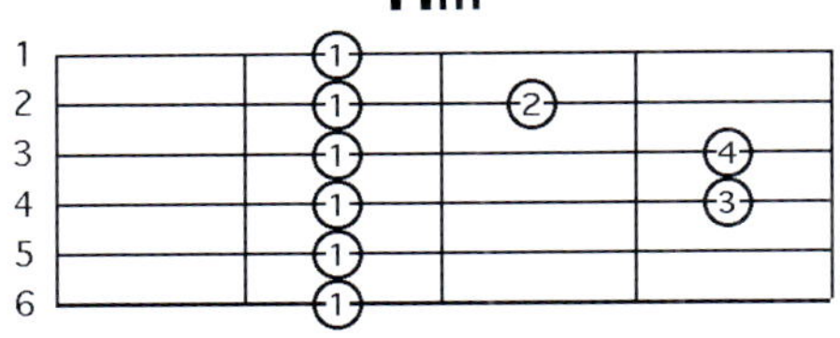

4. Bund **C♯m**

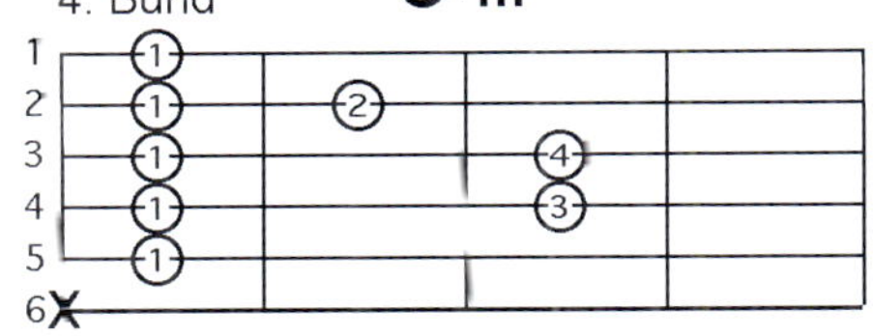

Rainer Bielfeldt lebt als freischaffender Komponist und Musiker in Berlin und im Wendland. Neben zahlreichen Kindermusicals, wie zum Beispiel "Eine Woche voller Samstage" und "Pippi in Taka-Tuka-Land", schrieb er Musik für Film, Fernsehen und die Bühne. Er veröffentlichte bisher vier Solo-CDs, auf denen er auch als Sänger zu hören ist sowie mehrere CDs mit anderen Künstlern.

Edith Jeske schreibt für Kinder und Erwachsene seit über 25 Jahren und unterrichtet es an vielen Orten.
Vor allem ist sie die Gründerin der Celler Schule.
Wäre das Schreiben nicht ihr Beruf – es wäre ihr Hobby.

Otto Senn studierte Germanistik, Soziologie und Linguistik in Freiburg, tobte sich als Moderator beim Radio sowie als Schauspieler auf der Bühne aus. Hin und wieder baute er sogar Bühnenbilder. Inzwischen verbringt er jedoch die meiste Zeit am Schreibtisch und denkt sich Songtexte und Musicals für Kinder aus.
Er lebt in Berlin.

Lesemaus

Conni macht Musik
24 Seiten
Softcover
ISBN 3-551-08821-7

Bilderbuch

Conni bekommt eine Katze
32 Seiten
ISBN 3-551-51582-4

Erzählband

Conni auf dem Reiterhof
96 Seiten
ISBN 3-551-55281-9

Zum Glück gibt's mehr
Conni -Bücher

CARLSEN
www.conni.de